Für meinen Papa, den Express-Erzähler
C. N.

Für meine Eltern, für Claude
T. B.

Die französische Originalausgabe ist 2008 unter dem Titel
Petites histoires pour les enfants qui s'endorment très vite
bei Éditions Sarbacane erschienen.
© 2008 Éditions Sarbacane, Paris
Carl Norac, Thomas Baas

Für die deutsche Ausgabe:
© 2009 Verlagshaus Jacoby & Stuart, Berlin
Alle Rechte vorbehalten
Satz: typocepta, Köln
Gesetzt aus der Kosmik
Printed in Italy
ISBN 978-3-941087-60-6
www.jacobystuart.de

Carl Norac · Thomas Baas

55 kurze Quatschgeschichten zum Längerdichten

Nachgedichtet von Edmund Jacoby

Verlagshaus Jacoby & Stuart

Dies ist die Geschichte von 'nem verrückten Walfisch.
Der verbringt seine Ferien jedes Jahr in 'ner Pfütze,
und dann kriegt er 'nen Sonnenstich, denn ihm passt keine Mütze.

Dies ist die Geschichte von Herrn Gehtspätinsbett.
Der findet Frau Stehtfrühauf nett,
und am Ende teilen sie Tisch und Bett.

Dies ist die Geschichte vom Schlangenbeschwörer,
der spielte nicht schön, und er fand keine Hörer.
So wurde er niemals ein Frauenbetörer.

Dies ist die Geschichte von einem kleinen Schmatz,
der suchte für sich den richtigen Platz
und setzt sich dir auf die Backe, mein Schatz.

Dies ist die Geschichte vom traurigen Taschentuch.
Es wurde vergessen beim letzten Reinigungs-Besuch.
Sein Besitzer aber, der weint unterdessen.

Dies ist die Geschichte von einer Landschildkröte.
Die parkt ihren Panzer am Straßenrand
und geht dann ganz nackt ins Restaurant.

Dies ist die Geschichte von einer malenden Spinne.
Erst wurd' sie von allen verkannt,
doch heut' ist sie allseits bekannt im Land.

Dies ist die Geschichte vom Roboter am Nil.
Der hat einen Freund, ein Krokodil,
das ist sehr labil und weint ganz viel,
doch es wird immer getröstet –
vom Roboter am Nil.

Dies ist die Geschichte vom Professor aus Posen.
Der dachte an Vieles, nur nicht an seine Hosen.

Dies ist die Geschichte vom Tausendfüßler.
Der hatte all seine Schuhe verschlissen.
Da hat er Schuster werden müssen.

Dies ist die Geschichte von 'nem arabischen Soldaten,
der hatte genug von Heldentaten.
Er schoss von nun an nie mehr 'nen Schuss
und rief seinem Feind zu: „Jetzt ist Schluss!"

Dies ist die Geschichte von 'nem Starennest.
Darin war's eng und gemütlich und warm.
Die Stare blieben einfach in ihrem Nest,
und wurden so niemals zum Starenschwarm.

Dies ist die Geschichte von einem Ohr,
das eines Tages den Kopf verlor.
Es suchte ihn eifrig und fand ihn auch bald
in einem dunklen Brillenwald.

Dies ist Geschichte von einem Nagel mit Kopf,
der wollte nicht, dass jemand drauf klopf'.
Tap, tap, tap – jetzt ist's gescheh'n, armer Tropf!

Dies ist die Geschichte vom zeternden Zebu,
das zeterte *Zebu!*, *Zeba!* und *Zebu!*
„Du bist ja besoffen", sagten die andern,
„willst du nicht schnell mal weiterwandern?"

Dies ist die Geschichte vom riesigen Zwerg,
der litt arg bei seinem Tagewerk,
denn selbst die ältlichen Tanten
hielten ihn für 'nen normalen Passanten.

Dies ist die Geschichte von einer schönen Nuss,
die ahnte, dass sie was werden muss.
Sie wurde 'ne Gondel in Venedig
und war damit all ihrer Sorgen ledig.

Dies ist die Geschichte von einer Fee,
die tut mir mal gut und mal weh.
Nachts füttert sie mich mit Zaubereis dick,
Tags ist sie meine Lehrerin für Mathematik.

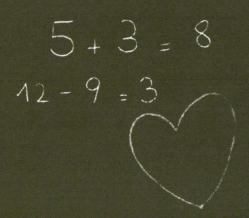

Dies ist die Geschichte von einer Leiter.
Die wäre so gerne die Braut mit Schleppe
von einer ganz und gar langweiligen Treppe.
Na, liebe Leiter, das wird ja heiter!

Dies ist die Geschichte von einer Schatzinsel ohne Schatz;
aber diese Geschichte ist für die Katz,
denn wer sie hört, der schläft ein – ratzfatz.

Dies ist die Geschichte von einem kranken Glas,
das Flüsse befuhr, nachdem es genas.
Es befuhr sie kreuz und quer
und endete schließlich als Flasche im Meer.

Dies ist die Geschichte vom mäkligen Mond.
Der suchte nach einem Stelldichein.
„Aber nicht mit dir, Sonnenschein!"
Tja – nun ist er immer noch allein!

Dies ist die Geschichte vom Kanarienvogel.
Der war ganz grau, bis er die Gelbsucht kriegte
und damit über sein Grausein siegte.

Dies ist die Geschichte vom bösen Gnu.
Das stellte sich auf die Hinterbeine,
da zogen die Löwen Leine – im Nu.

Dies ist die Geschichte eines Hügels vom Land, der hatte das Landleben satt und zog in die Stadt. Hier wurd' er endlich als Berg anerkannt.

Dies ist die Geschichte vom seltsamen Kissen,
das schnarcht richtig laut, und wer sich's getraut,
der schleicht sich davon und wird's niemals vermissen.

Dies ist die Geschichte vom kleinen Finger,
der erzählt richtig dolle Dinger.
Dann halt ich ihn an mein Ohr,
doch was er sagt, kommt mir spanisch vor.

Die ist die Geschichte von sieben Kalendertagen.
Die fuhren aufs Meer, ganz ohne vorher zu fragen.
Doch niemand hat sie wirklich vermisst –
wie's im Urlaub nun mal so ist.

Dies ist die Geschichte von einem zarten Radieschen.
Das war so fein und so delikat;
es fand seine Bestimmung als Suppenzutat.

Dies ist die Geschichte von Schneeglöckchen.
Sie wollte als erste aufblühn – im Schnee.
Doch der Schnee war schon weg – o jemine!

Fies ist fie Fefichte von fechs Fofellen.
Fie fielen in einen feinen Fopf,
faus fuckte fur foch fer Fopf.
Fo ein fatsch!

Dies ist die Geschichte eines Huts ohne Herrn.
Ich wüsste so gern, wessen Hut er einst war;
gefunden ward er auf dem Trottoir.

Dies ist die Geschichte von einer alten Uhr.
Der fehlt eine ganze Minute.
Wo ist sie nur, die Minute, die gute?

Dies ist die Geschichte von ein paar Landratten,
die das Leben an Land gründlich satt hatten.
Sie reisten vom Land an die See
und sprangen hinein, jippijeh!

Dies ist die Geschichte von allerlei Kram,
der wollte auf Weltreise gehen.
Doch wohin er dann schließlich bloß kam,
ist hier im Bilde zu sehen.

Dies ist die Geschichte von einem Zauberer.
Der tauschte Nase und Ohren.
Er riecht nun Geräusche, und gerade die fiesen,
und wenn ihr pupst, muss er niesen.

Dies ist die Geschichte vom düstren Vampir.
Sie ist so düster – ich erspare sie dir.

Dies ist die Geschichte von 'ner kleinen Rakete.
Der bereitet das Düsen nur wenig Vergnügen.
So belässt sie's beim Ums-Haus-Herumfliegen.

Dies ist die Geschichte von einem blöden Typen,
der immer nur „Psst!" schrie.
Er schreit „Psst!" schon seit hundert Jahren.
Geseh'n hat ihn niemand noch nie.

Dies ist die Geschichte von 'nem seltsamen Wesen.
Man könnte denken, es sei eine Maus gewesen.
Doch wer wirklich am Käse geknabbert hat,
das steht auf einem ganz anderen Blatt.

Dies ist die Geschichte von 'ner Weihnachtsbaumkugel.
Die war eine der schönsten und feinen.
Doch dann fiel sie runter
— kugelzerkrugel! —
Da musst' manch einer bitterlich weinen.

Dies ist die Geschichte von einer kleinen Träne.
Die wusste nicht mehr, weshalb sie geweint worden war.

Dies ist die Geschichte von einem Kaiman,
der verlor, wenn er log, seine Zähne.
„Jetzt ess' ich mit Strohalm", vertraut er uns an,
„und habe nur Angst, dass ich gähne."

Dies ist die Geschichte von 'nem alten Tuch.
Das machte immer *HuHuch HuHuch!*
War das wohl der Geist von 'nem alten Uhuch?

Dies ist die Geschichte von einem Ara.
Der ging eines Tags zum Friseur.
Dieser schnitt seine Federn bei weitem zu kurz,
doch der Ara, der tat so, als wär ihm das schnurz.

Dies ist die Geschichte von einem Stück Kuchen,
das tat seine Bestimmung verfluchen
und bestellte 'nen Schauer, dass es niemand essen kann.
Doch ein Mädchen war schlauer und zog sich regenfest an.

Dies ist die Geschichte vom dicken Schneemann.
Der taute – ihr könnt's mir glauben – nimmermehr.
Nun verkauft er im Sommer Eis am Mittelmeer.

Dies ist die Geschichte einer jungen Lokomotive.
Die fuhr auf die grüne Wiese hinaus
und schaute nach den Kühen aus.
Und niemand kennt ihre Motive.

Dies ist die Geschichte von zwei Schalen und zwei Platten, die sich wirklich für Kastagnetten gehalten hatten.

Dies ist die Geschichte von einem Stein,
der sollte ganz tief ins Meer hinein.
Einfach so – pluff!
Doch er wurde gerettet – uff!

Dies ist die Geschichte von einem, der war Gangster gewesen,
ist aber längst von allem Bösen genesen.
Doch der Anblick einer Bank,
der macht ihn noch heute schier krank.

Dies ist die Geschichte von einer Hexe, die auf ihrem Staubsauger ritt, als der Stecker rausflog.

Dies ist die Geschichte von 'nem Tagebucheintrag.
Der befand ganz für sich: „Heut' ist nicht mein Tag!"
Und wanderte zurück ins Tintenfass.

Dies ist die Geschichte vom uralten Bahnhof,
an dem die Züge schon lang' nicht mehr halten.
Nur die Zugvögel warten, schon lange genug,
dass er endlich kommt, der ersehnte Zug.